W0054235

Ein Augenblick hat da geglüht

In einer blauen Hügelwelt
Bei einer Amsel Sehnsuchtton
Ein großes, grünes Roggenfeld,
Und drinnen feuerroter Mohn.
Wie ein Laternlein jede Blüt,
Und brennen röter als der Tag.
Ein Augenblick hat da geglüht,
Der lang noch nicht erlöschen mag.

Max Dauthendey (1867–1918)

Kleines Buch vom *Mohn*

von
Grit Nitzsche

BuchVerlag
für die Frau

ISBN 978-3-89798-518-6

© BuchVerlag für die Frau GmbH,
Leipzig 2017
Bildnachweis: S. 125
Einband, Satz, Typografie:
Uta Wolf, Quedlinburg
Druck: Salzland Druck, Staßfurt
Bindearbeiten:
Müller Buchbinderei GmbH Leipzig

Printed in Germany
www.buchverlag-fuer-die-frau.de

Inhalt

Eine Familie – viele Verwandte

Wenn von Mohn die Rede ist, haben fast alle von uns wunderbar rot durchwebte Getreidefelder im Kopf, den Klatschmohn vor Augen, dessen fragile, blutrote Schönheit jeder bewundert, der an einem solchen – offenbar von Herbiziden nicht zu stark geplagten Acker an einem schönen Tag vorbeikommt. Die auch Feldmohn (*Papaver rhoeas*) genannte Pflanze gibt der Familie ein Gesicht, ist das Bild des Mohns schlechthin und steht damit oft auf Abbildungen nicht nur für sich, sondern (gelegentlich sogar verkaufsträchtig) auch für andere, denn die Familie ist weit größer und auch sehr verstreut anzutreffen. Hübsch sind freilich die meisten unter ihnen, weshalb wir auch einige der Vertreter aus fernen Ländern hier bereits gut aus unseren Gärten kennen: Türkischer Mohn (*Papaver orientale*), Islandmohn (*Papaver nudicaule*) und die entfernte Verwandtschaft Kalifornischer Mohn (*Eschscholzia californica*) erlauben gedanklich eine ganze Weltreise. Weniger prächtig oder schwerer zu kultivieren und darum eher nicht hier anzutreffen sind z.B. Arktischer Mohn (*Papaver radicatum*) oder Felsmohn (*Papaver rupifragum*). Und die uns besser vertraute heimische Verwandtschaft hat

Schlafmohn

ihre Familienzugehörigkeit zu den Mohngewächsen bisher auch gut vor uns verborgen: Da wären das Schöllkraut (*Chelidonium majus*) mit seinem orangefarbenen Milchsaft oder der Erdrauch (*Fumaria officinalis*) mit seinen hübschen rosa Blütenrispen.

Einer jedoch ist bisher unerwähnt geblieben und ist doch der Mohn schlechthin, nämlich derjenige, der seit Jahrtausenden die Gemüter bewegt, vom Menschen genutzt und angebaut wird, bis heute zwei Gesichter zeigt, die doch Teil desselben sind: der Schlafmohn (*Papaver somniferum.*)

Ihm und seiner ganzen großen Sippe sei dieses Büchlein gewidmet.

Eine uralte Kulturpflanze – Geschichtliches

Schon aus der Bronzezeit sind von Zypern Gefäße in Form von Mohnkapseln überliefert. Funde belegen, dass das Anritzen der Kapsel zur Gewinnung von Rohopium bereits im mesopotamischen Ninive ca. 3000 v. Chr. bekannt war. Die Sumerer nannten den Schlafmohn „Hul Gil = Pflanze des Glücks", und es gibt zahlreiche weitere archäologische Hinweise auf die Mohnnutzung in antiker Zeit: ein assyrisches Relief, babylonische Tonscherben, eine minoische Göttinnenstatuette, Kleidernadeln aus Mykene, später Überlieferungen von Herodot und in Homers Werken ... Und auch in ganz Europa, in Italien, auf der Iberischen Halbinsel, in Südfrankreich und Süddeutschland fanden Archäologen Belege für Nutzung bzw. Anbau von Schlafmohn durch frühgeschichtliche Kulturen.

Im antiken Griechenland standen Mohnkapseln mit ihren unzähligen gehaltvollen Samen symbolisch für Gesundheit, Glück und Reichtum, und wurden sogar als Aphrodisiakum genutzt. Vor allem aber war die Pflanze den Göttern für Schlaf, Traum und Tod – Hypnos, Morpheus und Thanatos – geweiht, so dass es nicht verwunderlich ist, dass Mohnkapseln zu den klassischen Grabbeigaben zählten. Dioskurides widmete der Pflanze eine ausführliche Beschreibung in seinem Werk „De materia medica", in dem er bereits alle bis heute gebräuchlichen Verwendungen erwähnt.

Auch die Römer wussten die wunderbare Wirkung des Mohns zu schätzen. Der berühmteste Abhängige war Kaiser Marc Aurel. Er nahm *Theriak*, eine meist morphinhaltige Arznei aus vielen Zutaten, die er von dem römischen Mediziner Galen gegen seine Schlaflosigkeit erhielt. Auf einem Kriegszug ohne Theriak-Nachschub litt der Kaiser unter starken Entzugserscheinungen. Und auch die römischen Soldaten stärkten sich vor dem Kampf mit einer Honig-Mohnsamen-Mischung und wurden so unempfindlicher gegenüber Schmerz.

Darstellung von Mohn im berühmten „Kreuterbuch" des Leonhart Fuchs, hier unter den damals üblichen Namen „Kornrosen" und „Klapperrosen"

Kornrosen.

CCXCII.

Klapperrosen.
CCXCI.

Nicht nur Walahfried Strabo preist Mohn im 9. Jahrhundert, sondern auch alle großen Kräuterbuchautoren des frühen bis ausgehenden Mittelalters erwähnen ihn, obwohl Opium um 1300 von der Heiligen Inquisition verboten worden war.

Im 15. Jahrhundert schließlich war Opium als Bestandteil des Medikaments Theriak und vor allem als Tinktur unter dem Namen *Laudanum* weit verbreitet und wurde u. a. durch Paracelsus weitergegeben. Diese Medizin war preiswert, leicht erhältlich und darum lange Zeit in allen Bevölkerungsschichten beliebt – ein Allheilmittel wie heute z. B. Aspirin.

Im 19. Jahrhundert wurde das erkannte Suchtpotential thematisiert und führte nach und nach zum Verbot des Medikaments in fast allen Ländern. Parallel dazu spielte Opium im 19. Jahrhundert eine ganz entscheidende Rolle in der Geschichte Chinas. Von England wurde Opium in großen Mengen aus seinen Kolonien ins Reich der Mitte exportiert und führte dort zu erheblichen gesundheitlichen und sozialen Problemen. Das mündete in zwei sogenannten Opiumkriegen, in deren Folge China umfangreiche Zugeständnisse machen musste, und zwar nicht nur, was die Opiumeinfuhr betraf: Erstmals öffnete sich die verbotene Stadt am Pekinger Hof und England bekam für lange Zeit die Herrschaft über Hongkong.

Noch heute ist Mohn eine besondere Pflanze und gilt in Polen als Nationalblume. In Großbritannien ziert der Mohn mit seinen vier roten Blütenblättern ab Anfang November fast alle Jacken, Mäntel und Kleider. Die „Red Poppy"-Anstecker sollen Anerkennung und Solidarität mit den gefallenen britischen Soldaten zeigen, nicht nur am 11. November, dem „Remembrance Day". Er steht als Symbol für die Mohnblumen auf den Schlachtfeldern von Flandern, auf denen Hunderttausende Soldaten im Ersten Weltkrieg ihr Leben ließen. Es gibt übrigens keinen festen Preis für den Anstecker, der Erlös wird für gute Zwecke verwendet.

Eine Gartenpflanze –
Arten und Sorten

Oft bin ich in Kindertagen der Versuchung erlegen, einen Strauß dieser seidig knitternden Schönheiten nach Hause zu tragen. Dort kamen schon nicht mehr alle in ihrem prächtigen roten Gewand an und auch die übrigen des Hofstaates hatten diesen Umzug übelgenommen – so dachte ich. Heute weiß ich, dass jeder Mohnblume nur ein einziger Tag im leuchtenden Ornat vergönnt ist, am Feldrand im Sonnenschein oder in der Vase auf dem Küchentisch, schon nach einem Tag fallen die filigranen Kronblätter wieder aus. Inzwischen kann ich auch erkennen, welche

Knospen sich erst zu Hause, aber gleich morgen öffnen werden, sie heben nämlich den vorher deutlich zu Boden geneigten „Kopf" schon am Nachmittag zuvor dem Licht entgegen. Diese Vergänglichkeit ist leider auch den meisten anderen Angehörigen der Gattung Mohn eigen. Dass sie trotzdem zu geschätzten Zierpflanzen in unseren Gärten gehören, liegt wohl an ihrer strahlenden Farbenpracht und dem robusten, recht anspruchslosen Wachstum.

Wer sich diese Schönheiten also in den Garten holen möchte, sollte Einiges bedenken. Manche Mohnarten sind einjährig, müssen also ausgesät werden und säen sich dann

gegebenenfalls auch gern selbst wieder aus, wenn man sie lässt.

Die Stauden unter den Mohngewächsen hätten gern sofort den passenden
Platz, sie gehören zu den Pfahlwurz-
lern und könnten einen späteren
Umzug nicht vertragen. Dafür sorgt
die tiefreichende Wurzel meist auch
ohne Gießen für ausreichend Was-
serversorgung, verträgt aber keine
Staunässe. Dürfte es dann noch eine
Wunschliste geben, würden viel Sonne und nährstoffreicher humoser Boden darauf zu finden sein.

Eine fruchtbare Kapsel | *Zur Gattung Mohn in der Familie der Mohngewächse gehören um die hundert Arten auf der ganzen Welt. Allen gemeinsam ist der enthaltene weiße oder gelbe Milchsaft, der giftige Alkaloide enthält. Oft sind Blätter, Stiele und sogar die Kelchblätter borstig behaart, diese Kelchblätter fallen beim Öffnen der Blüte ab. Die Bestäubung der gelb-orange-roten, bei einigen Arten auch weißen bis zartlila-farbenen Blüten übernehmen Insekten. In der offenen oder geschlossenen Kapselfrucht reifen unzählige winzige, meist ölhaltige Samen heran, die, wenn sich die Kapsel reif öffnet, aus kleinen Öffnungen weit verstreut werden.*

Die gartentauglichsten Vertreter der schönen Blütenschmuckpflanzen seien hier noch vorgestellt:

Türkenmohn (*Papaver orientale*)
Diese typische Bauerngartenstaude gibt es inzwischen in unzähligen Züchtungen von weiß über rosa, orange bis tiefrot blühend, von 30 cm bis 1 m Wuchshöhe.

Alpenmohn (*Papaver alpinum*)
Die nur 15 bis 20 cm hoch wachsende Staude eignet sich wunderbar zur Bepflanzung von Steingärten oder Trockenmauern und blüht je nach Unterart weiß, gelb bis orange.

Türkenmohn

Islandmohn (*Papaver nudicaule*)
Die sich selbst aussäende, meist nur einjährige Pflanze zeigt oft die ganze Pracht der weißen, gelben, orange-farbenen, rosafarbenen oder roten Blüten an einem Exemplar und bereichert so jede Rabatte.

Klatschmohn (*Papaver rhoeas*)
Wurde zur Blume des Jahres 2017 gekürt. Diese einjährige, sich selbst aussäende Schönheit bietet nicht nur atemberaubendes Rot mit schwarzem Herz, sondern auch rosafarbene und weiße Exemplare.

Schlafmohn (*Papaver somnifera*)
Obwohl ihre Aussaat in Deutschland wie erwähnt ohne kostenpflichtige

Klatschmohn (Blume des Jahres 2017)

Genehmigung verboten ist, gibt es auch Schlafmohnsorten, die unbedingt in diese Auflistung gehören. Sie sind nicht auf gehaltvollen oder gehaltlosen Milchsaft und nicht auf reiche, wohlschmeckende Samenausbeute gezüchtet, sondern haben einen besonders hübschen, oft gefüllten Blütenschopf:

Nicht zur Gattung Mohn, wohl aber in die Familie der Mohngewächse gehören z. B. auch:

Kalifornischer Mohn (*Eschscholzia californica*)

Federmohn (*Macleaya cordata*)

Japanischer Waldmohn (*Hylomecon japonica*)

Kalifornischer Mohn

Eine Droge –
und Heilpflanze

Alle Teile des **Schlafmohns**, vor allem aber der in der Außenhaut der grünen, noch unreifen Fruchtkapsel befindliche Milchsaft, enthalten eine ganze Reihe von Alkaloiden. Zu ihrer Gewinnung wird die Hülle der grünen Kapsel in den Abendstunden angeritzt. Der austretende Milchsaft wird braun, trocknet ein und bildet in dieser Form **Rohopium**, das in den Morgenstunden abgekratzt werden kann. Diese Prozedur wird mehrfach wiederholt.

Rauchopium wird traditionell durch einen aufwändigen mehrmonatigen Prozess aus Rohopium gewonnen, der

den Morphingehalt noch erhöht, die Nebenalkaloide aber zerstört.

Für die **Pharmazie** hergestelltes Opium wird stattdessen durch ein Lösungsmittel aus trockenem gehäckselten Mohnstroh extrahiert.

Die Wirkung wird treffend von einem altchinesischen Vers beschrieben als „Vergessen der Vergangenheit, Verachtung der Gegenwart und Gleichgültigkeit gegen die Zukunft".

Zu den körperlichen Folgen eines langandauernden Opiumgebrauchs bzw. -missbrauchs gehören Appetitlosigkeit und Gewichtsverlust bis zur kompletten Entkräftung. Psychische Wirkungen (die sich auch recht schnell einstellen) sind eine (zunächst wohlige) Antriebslosigkeit (eine sogenannte LMAA-Stimmung), die zur Apathie und Depression führt.

Die am meisten potente und verbreitete aus Opium gewonnene **Droge** ist das als Heroin bekannte Morphin-Derivat Diacetylmorphin.

Als **Heilpflanze** hat Mohn, genauer der Milchsaft, eine schmerzstillende, beruhigende (und verstopfende) Wirkung. Deshalb wird Opium von der pharmazeutischen Industrie zu schmerzstillenden Medikamenten weiterverarbeitet. Das wichtigste Alkaloid dabei ist Morphin, von seinem Entdecker zunächst Morphium genannt, das bei besonders starken oder chronischen Schmerzen, u. a. bei Krebspatienten angewendet wird.

Allerdings kann Morphin zu physischer und psychischer Abhängigkeit führen und bei Überdosierung kann es zur Atemlähmung und zum Tod kommen, sodass heute im Allgemeinen Morphinpräparate mit einer verzögerten Langzeitwirkung eingesetzt werden, die keine großen Glücksgefühle aufkommen lassen und damit ein deutlich geringeres Suchtpotential haben. Die reine Pflanzenheilkunde verzichtet heute auf die Anwendung von Schlafmohn, weil das Betäubungsmittelgesetz es verbietet und die Suchtgefahr zu groß wäre. Das extrahierte Alkaloid Codein wird aber nach wie vor als Hustenmittel eingesetzt.

Eine tödliche Schönheit – Inspiration für Künstler

Wie viele Pflanzengattungen erhielt auch der Mohn seinen lateinischen Namen „Papaver" von Carl von Linné und die enthaltene Silbe „pap" für Aufblasen beschreibt die Form der Kapseln sehr treffend. *Schlaf*mohn jedenfalls heißt die Pflanze wohl auch im Lateinischen (*Papaver somnifera*), denn Namenspatron dafür ist Somnus, das römische Pendant von Hypnos, dem griechischen Gott des Schlafes. Bereits die Griechen stellten ihre Götter Hypnos und Morpheus mit Mohnkapseln dar und nach dem Gott der Träume wurde dann auch das erste aus dem Mohn isolierte Alkaloid, das Morphium (heute Morphin) benannt.

Der deutsche Name *Mohn* geht auf das Städtchen Mekone im Norden der griechischen Halbinsel Peloponnes zurück, das zum Stadtstaat Sikyon gehörte und in antiker Zeit das Zentrum der Mohnkultur gewesen ist. Hier soll der Legende nach Demeter den Mohn entdeckt haben.

„Ich grüße Dich, du einzige Phiole, die ich mit Andacht nun herunterhole! In dir verehr´ ich Menschenwitz und Kunst, du Inbegriff der holden Schlummersäfte, Du Auszug aller tödlich feinen Kräfte, erweise deinem Meister Deine Gunst!"

Goethe, Faust I, Nacht

Ob Goethe eigene Erfahrungen mit Rauschmitteln in seinem „Faust" verarbeitete, wird wohl ewig ein Geheimnis bleiben. Tatsache ist, dass Künstler seit jeher auch Morphium-Konsumenten waren. Georg Trakl, einer der bedeutendsten expressionistischen Dichter, verfasste einen „sachlichen Bericht vom Glück, ein Morphinist zu sein" und starb an einer Überdosis. Davor starben E. T. A. Hoffmann und Edgar Allan Poe durch Opiumexzesse. Auch Heinrich Heine, zuletzt in der Matratzengruft leidend, sehnte sich nach einem „Mohnblumenkranz", der seine „Stirn berührte / Und seltsam duftend allen Schmerz verscheuchte". Er nahm hohe Dosen Opium, später auch

Morphium ein: „Gut ist der Schlaf, der Tod ist besser." Später hat Rainer Maria Rilke der Pflanze in seinem Gedicht „Schlaf-Mohn" ein literarisches Denkmal gesetzt: „Abseits im Garten blüht der böse Schlaf ..."

Aber es war auch die Schönheit der Pflanze, die viele Künstler, von der Antike bis heute, zu kreativem Schaffen anregte. Viele fühlten und fühlen sich angezogen von der leuchtend roten Blume, die gleichzeitig eine „Blume des Todes" sein kann, wie es der Dichter Rudolf Borchardt etwas überhöhend beschreibt. Doch manch anderer Dichter findet fast liebevolle, schwärmerische Worte, wie z. B. Ludwig Uhland, der den Mohn als Blume des „Traumgott" sieht.

Wie dort, gewiegt von Westen,
Des Mohnes Blüte glänzt!
Die Blume, die am besten
Des Traumgotts Schläfe kränzt;
Bald purpurhell, als spiele
Der Abendröte Schein,
Bald weiß und bleich, als fiele
Des Mondes Schimmer ein.

Ludwig Uhland
(1787–1847), Der Mohn

Eine Ware – Anbau, Vorschriften, Weltmarkt

In Deutschland ist der Anbau von Schlafmohn genehmigungspflichtig und muss bei der Bundesopiumstelle des Bundesinstitutes für Arzneimittel und Medizinprodukte (BfArM) kostenpflichtig beantragt werden. Das gilt auch für die private Zierpflanzenanzucht, die bei nicht vorhandener Genehmigung einen Verstoß gegen das Betäubungsmittelgesetz darstellt. Genehmigungsfähig sind nur zwei Sorten mit einem sehr niedrigen Morphingehalt. Die Unterstellung des Schlafmohnanbaus unter das Betäubungsmittelrecht hat in Deutschland faktisch zum Ende des erwerbsmäßi-

gen Mohnanbaus geführt, der noch bis zum Zweiten Weltkrieg und sogar in der DDR bis zur politischen Wende 1989 weit verbreitet war.

In Österreich ist der Anbau von Schlafmohn jedoch völlig legal und kann auf eine lange Tradition zurück blicken. Besonders stolz ist man auf den „Waldviertler Graumohn", der mit diesem Namen eine von der EU geschützte Herkunftsbezeichnung bekam, also nur im Niederösterreichischen Waldviertel angebaut und verarbeitet werden darf.

In der Schweiz ist der Schlafmohnanbau ebenfalls gestattet, hat aber wirtschaftlich keine weitreichende Bedeutung mehr, wie das noch vor dem Zweiten Weltkrieg der Fall war.

EU-weit ist Tschechien der Hauptproduzent für Mohnsamen, weltweit werden auch in der Türkei große Mengen „Backmohn" geerntet.

Die Hauptanbaugebiete zur illegalen Drogenherstellung liegen aber in Afghanistan und im „Goldenen Dreieck", dem Dreiländereck zwischen Laos, Myanmar und Thailand in Südostasien. Der zur Opiumgewinnung für medizinische Zwecke angebaute Mohn für den hiesigen Markt stammt vorwiegend aus Indien, der Türkei und Staaten der ehemaligen Sowjetunion.

Heute wird Schlafmohn weitgehend maschinell angebaut, in Einzelkornaussaat in Reihen ausgebracht, als Wintermohn bis Mitte September

ausgesät und zweijährig kultiviert oder viel häufiger im zeitigen Frühjahr ausgesät. Die Pflänzchen vertragen späte Fröste recht gut und sollten ausreichend Zeit zur Entwicklung bekommen, bevor sie als Langtagspflanzen mit steigendem Sonnenstand dann in die Blühphase und Samenbildung übergehen. Durch die langsame Entwicklung im Jugendstadium reagiert Mohn empfindlich auf große Unkrautkonkurrenz, außerdem bevorzugt Schlafmohn warme feuchte Sommer, viel Sonne und kühle Nächte und dazu leichte, wasserdurchlässige Böden ohne Staunässe.

Ein Alleinstellungsmerkmal –
Das Waldviertel und Hessen

Mit dem österreichischen **Waldviertel** lebt eine ganze Region mit und vom Mohn. Schon immer wurde Schlafmohn in dieser Gegend angebaut und noch bis 1934 wurde der Mohn von dort an der Londoner Börse gehandelt. Billigere Importe dieses Lebensmittels brachten den Mohnanbau dann für Jahrzehnte fast völlig zum Erliegen. Die Wiederbelebung des Mohns als europäische Kulturpflanze und die Intensivierung ihres Anbaus in den 1980er Jahren geht vor allem auf die Initiative der Fachschule Edelhof und des Vereins zur Förderung von Sonderkulturen zurück. Inzwischen hat man mit „Waldviertler Graumohn" ein Produkt, das nicht nur eine von der EU geschützte Herkunftsbezeichnung hat, sondern auch einer ganzen Region Rückhalt und Identität gibt. Besonders das **„Mohndorf" Armschlag** hat sich – zunächst dank privater Initiative – um die Vermarktung dieser regionalen Spezialität verdient gemacht, hat mit Mohnlehrpfad, Mohngarten und der Einkehrmöglichkeit beim Mohnwirt sowie einigen festlichen Höhepunkten im Jahr rund um das Thema Mohn eine ganze Gegend zum touristischen Anziehungspunkt gemacht.

Mohnskulptur im „Mohndorf"
Armschlag (Österreich)

Und solche Initiativen können Schule machen: Ein Gastronom, Landwirt und Ölmühlenbetreiber in der **hessischen Gemeinde Germerode im Werratal** hat die deutschen Sortenzulassungen genutzt und baut seit 2010 Mohn an. Inzwischen hat er in Zusammenarbeit mit der Gemeinde und dem Naturpark Meißner-Kaufunger Land sowie dem Kreisbauernverband den Mohnanbau wieder eingeführt und ein dazu passendes facettenreiches Programm etabliert. Für die Angebote z. B. für Wanderungen für Gruppen und Einzeltouristen erhielt das Projekt in den letzten Jahren bereits zwei Tourismuspreise. Mohn ist eine Identität stiftende Feldfrucht!

Klatschmohn kann noch ganz anders verwendet werden: Die roten Blätter des Klatschmohn sind essbar (s. a. S. 64) und dienten von jeher zum Färben verschiedener Gerichte.

Bei Autorin Gertrud Scherf habe ich sogar ein Rezept aus alter Zeit für **Mohntinte** *entdeckt: Dazu frische Klatschmohnblätter in ein Schraubglas geben und dann mit einer Mischung aus Essigessenz und Wasser im Verhältnis 1:4 auffüllen. An einem sonnigen Platz einige Tage stehen lassen, hin und wieder schütteln und dann abseihen. Achtung, die Säure könnte Füllern und anderen Schreibgeräten schaden und eignet sich nur für Stahl-, Glas- oder Gänsefedern!*

Ein Nahrungsmittel – Sorten und Verwendung

Für die Ernte von Speisemohn angebaute Sorten weisen heute einen extrem niedrigen Morphingehalt auf und damit sind die Samen völlig unbedenklich zu verzehren. Für ihren stark schwankenden Morphingehalt sind aber nicht nur die angebauten Sorten ausschlaggebend, sondern auch die Erntemethode. Bei der heutigen maschinellen Ernte kann es zur Verunreinigung der Samen mit Kapselstückchen und damit mit dem Milchsaft der Pflanze kommen, was zu erhöhten Alkaloidgehalten führen kann. Nach entsprechenden Medienberichten vor einigen Jahren erbrachten Untersuchungen extreme Unterschiede in den Konzentrationen und einen Appell an die Produzenten zur Sorgfalt. Aber noch immer ist in deutschen Gefängnissen sowie auf Entzugsstationen in Krankenhäusern der Verzehr von mohnsamenhaltigen Lebensmitteln untersagt, denn selbst die völlig unbedenklichen Opiatmengen können bei Drogentests zu positiven Ergebnissen führen, an denen der Unterschied zwischen Rauschgiftkonsum oder Nahrungsmittel nicht ablesbar ist. Und der Vollständigkeit halber sei erwähnt, dass das Bundesministerium für Risikobewertung auch Schwangeren und Kleinkindern vom Verzehr großer Mengen Mohn oder Abkochungen davon abrät, wo-

bei man eher keine eindeutige Aus-
kunft erhält, was eine „große Menge"
ist (und ich persönlich kaum glaube,
dass solche hinsichtlich des Mor-
phingehaltes schädlichen Mengen
überhaupt ohne Übelkeit verzehrt
werden könnten).

Das große Plus: Mohnsamen enthalten eine Reihe wertvoller Mineralien
und Spurenelemente, darunter für
ein einzelnes Lebensmittel recht viel
Kalzium, aber auch Kalium, Magnesi-
um, Eisen, Zink sowie Vitamin B_1 und
wertvolle Linolsäuren. Außerdem haben sie durch ihren Gehalt an fettem
Öl einen sehr hohen Nährwert.

Schon immer wurden Mohnsamen als
Nahrungsmittel genutzt. So weit verbreitet wie der Mohnanbau, so un-

terschiedlich sind seine Verarbeitung und Zubereitung; jede Kultur hat dabei ihre eigene Verwendung und ihre eigenen Rezepte entwickelt.

Heute gibt es Sorten mit weißen, grauen und blauen Samen. Während der weiße, nicht so ölreiche Mohn in Indien beliebt ist und dort häufig wie Mehl verarbeitet und als Bindemittel in Currys eingesetzt wird, schwören Österreicher auf ihre Graumohnsorten. Dieser mild schmeckende Mohn mit grauen Samenkörnern, der vorwiegend im Niederösterreichischen Waldviertel (s. Seite 51) angebaut wird, ist hauptsächlich „sehender" Mohn oder sogenannter „Schüttmohn", das heißt an den reifen Kapseln öffnen sich unter den Narbenstrahlen kleine Löcher, die die Ernte ermöglichen, ohne die Kapseln zu zerstören. Diese werden dann oft zu floristischen Zwecken eingesetzt. Im Gegensatz dazu sind die meisten anderen Schlafmohnsorten „blind" bzw. sogenannter „Schließmohn", bei dem auch die Kapseln im reifen Zustand geschlossen bleiben

In der Türkei werden zumeist die bräunlichen Mohnsamen bzw. der Blaumohn bevorzugt, hierzulande ist zum Backen meist Blaumohn erhältlich, der aus Tschechien, Ungarn und Australien stammt. Geschmackliche Unterschiede zu beschreiben, ist immer schwierig, aber die Samenschale ist bei Blaumohn dicker und schmeckt damit intensiver, aber auch herber als der mildere österreichische Graumohn. Der deutlich weniger ertragreiche Weißmohn dagegen hat ein intensiv nussiges, fast walnussartiges Aroma.

Mohnöl wird aus den fettreichen Samen gewonnen und hat einen herrlich nussigen Geschmack. Heute wird es vor allem in Österreich hergestellt und erobert sich gerade wieder einen Platz auf unseren Speisezetteln, es eignet sich hervorragend als Salatöl, in Saucen oder zu Pesto, sollte aber nicht zu hoch erhitzt werden.
Neben seiner Qualität für Speisezwecke sei hier auch die Verwendung dieses hochwertigen Öls für kosmetische Anwendungen nicht verschwie-

gen. Daraus entstehen u.a. Seifen und Hautcremes, in früheren Zeiten interessanterweise auch Lampenöl und Öl für andere Gebrauchszwecke.

Auch Klatschmohn stand da, wo er gedeiht schon seit eh und je auf dem Speiseplan. So werden die jungen **Klatschmohnblätter** in Italien, auf Kreta und Zypern zusammen mit anderem zarten Frühlingsgrün und Knoblauch in Olivenöl angedünstet und als Gemüse serviert. Seine roten Blüten boten und bieten vor allem einen hervorragenden Lebensmittelfarbstoff.

Eine Zutat – Verarbeitung in der Küche

Die ölreichen Mohnkörnchen muss man der Lebensmittelgruppe der Nüsse und Samen zurechnen. Die unkomplizierteste Verwendung in der Küche wäre wohl, ihn einfach über fertige Speisen zu streuen. So finden sich Mohnsamen aber eigentlich nur auf Frühstücksbrötchen – und anschließend meist zwischen den Zähnen. Um ihr volles Aroma entfalten zu können, müssen die Mohnsamen für ihre Verwendung in der Küche aber gemahlen, das heißt eigentlich besser gequetscht werden. Klassischerweise geschieht das mit einer Mohnmühle,

die die Körnchen zerquetscht, wie
das ein Getreideflocker im Gegensatz
zur Kornmühle auch tut. Wer früher
keine Mohnmühle besaß, nahm den
Fleischwolf mit der feinsten Scheibe
zu Hilfe – mit annähernd demselben
(Quetsch)Ergebnis. Da in modernen
Haushalten heute beide Geräte kaum
noch zu finden sind, wäre ein großer
recht hoher und schwerer Mörser
zusammen mit Muskelkraft und Ge-
duld eine Alternative. Andere Geräte funktionieren für Mohn gar nicht
oder nicht mit dem gleichen Ergebnis. Getreideflocker lassen sich meist
nicht fein genug einstellen für Mohn,
und Getreidemühlen sind komplett
unbrauchbar, denn das austretende
Öl würde die Mahlsteine verschmie-

ren und bald ranzig werden. Aus dem gleichen Grund ist die Reinigungsfrage die wichtigste, wenn man sich z. B. mit einer Kaffeemühle behilft. Ich habe lange eine spezielle zerlegbare Gewürz- und Saatenmühle mit Keramikmahlwerk für den Mohn genutzt, gebe aber jetzt meine Mohnmühle nicht mehr her!

Für meinen Geschmack nur unbefriedigend war das Ergebnis beim Mahlen mit der Küchenmaschine. Da ist es schon besser, im Reformhaus, Bioladen oder bei Ihrem Bäcker nachzufragen: Oft kann man Ihnen den Mohn dort mahlen.

Natürlich kann man auch gemahlenen Mohn kaufen, doch dieser wurde bereits nach dem Mahlen erhitzt und anschließend vakuumverpackt, damit er nicht ranzig wird. Auf diesem Weg hat er schon einen guten Teil seiner Aromen wieder eingebüßt. Deshalb muss man wirklich auf das Verfallsdatum achten und auch auf die Packungsgröße, denn mit übrig gebliebenen Resten – auch selbst gemahlenen – ist bald nichts mehr anzufangen. Nur Einfrieren macht gemahlenen Mohn länger verwendbar.

In jedem Fall entfaltet Mohnsaat ihr Aroma erst richtig durch das Zerquetschen der Samen und intensiviert sich meist durch kurzes Erhitzen. In süßen Rezepten ist Mohnsaat keine Seltenheit, sie passt aber mit ihrem nussigen Aroma auch sehr gut in herzhafte Zubereitungen.

Mohn

Rezepte

❖

❖

Vorspeisen

❖

Kürbis-Mohnsoufflé

400 g Kürbispüree • 200 ml Sahne
100 ml Milch • 50 g gemahlener
Mohn • 50 g Grieß • ½ Vanillestange
4 Eier • ½ Pck. Backpulver • Salz

Für 400 g Kürbispüree 500 bis 600 g
gewürfeltes Kürbisfleisch in einem
Dämpfeinsatz in ca. 20 Minuten
weich garen. Dann mit dem Stab-
mixer pürieren oder mit einer Gabel
zerdrücken. In einem Sieb abtropfen
und auskühlen lassen.
Sahne, Milch, Mohn, Grieß und die
aufgeschlitzte Vanillestange auf-

kochen und etwa 10 Minuten unter Rühren leise köcheln und dann ab-kühlen lassen. Backofen auf 180 °C vorheizen. Eier trennen, Vanillestange herausfischen und die Mohn- und Kürbismasse mit den Eigelb gut ver-rühren. Eiweiß mit 1 Prise Salz und dem Backpulver steif schlagen und ganz vorsichtig unter die Masse he-ben. In die Förmchen füllen und im unteren Teil des Backofens ca. 20 bis 25 Minuten backen. Sofort servie-ren. Dazu schmeckt eine herbstliche Salatmischung sehr gut.

Mohn-Käsewaffeln

Herzhafte Waffeln sind sowieso besser als jeder Toast – und diese sind perfekt zu einem spätsommerlichen Blütensalat voller Dahlien, Kosmeen u. a.

*2 Eier • 250 ml Milch
100 g saure Sahne • 200 g Mehl
1 TL Backpulver • 100 g gemahlener Mohn • 100 g geriebener Gouda
2 TL Anisysop • Pfeffer • Salz*

Eier, Milch und Sahne verrühren, restliche Zutaten zugeben und zu einem glatten Teig verarbeiten. Waffeleisen erhitzen, ggf. fetten und den Teig portionsweise ausbacken.

Klare Brühe mit Mohnflädle

1 Ei • 2 EL Mehl • 100 ml Mineral-
wasser • Salz • 2 EL gemahlener
Blau- oder Graumohn • Öl
1 l Gemüsebrühe

Aus Ei, Mehl und Wasser einen dünnen Plinsenteig rühren, mit Salz abschmecken und etwas ruhen lassen. Mohn einrühren und in einer beschichteten Pfanne in wenig Öl und bei geringer Hitze dünne Pfannkuchen ausbacken. Die abgekühlten Pfannkuchen aufrollen und in dünne Streifen schneiden. In eine heiße gute Gemüsebrühe geben und vor dem Servieren noch etwas ziehen lassen.

Baguettescheiben mit Sesam-Mohnkruste

1 Baguette • 5 EL Sesam
1 Bio-Zitrone • 5 EL gemahlener
Graumohn • 2 EL Öl
80 g geriebener Parmesan • Chili

Baguette in Scheiben schneiden, Backofen auf 180 °C vorheizen.
Sesam grob mahlen, Zitronenschale abreiben, Zitronensaft auspressen, alle Zutaten gut miteinander zu einer Paste mischen und auf die Baguettescheiben streichen, ca. 10 bis 15 Minuten überbacken.

Beilagen

❖

„Herzoginkartoffeln"

300 g mehlig kochende Kartoffeln
(gekocht gewogen)
100 g gemahlener Mohn
80 g Butter • 1 Eigelb • Salz
evtl. ca. 2 EL Speisestärke

. . . .

Kartoffeln schälen und in Salzwasser gar kochen. Noch heiß durch die Kartoffelquetsche drücken, Butter unterrühren, sodass sie zergeht. Mohn und Eigelb in die lauwarme Kartoffelmasse rühren, abschmecken und soviel Stärke unterrühren, dass eine fest-cremige Konsistenz entsteht.

Die Masse in einen Spritzbeutel mit großer Sterntülle füllen und als walnussgroße Häufchen auf Backpapier spritzen. Im vorgewärmten Backofen bei 180°C ca. 10 Minuten goldgelb backen.

Mohn-Reissalat

Der Salat schmeckt auch prima im Sommer zu Hühnerflügeln vom Grill. Statt der Keimsprossen und Schwarzwurzeln kommen z.B. Springkrautblüten und Sauerklee hinein.

150 g Basmatireis • 100 g Blaumohn
100 g Backpflaumen
50 g Bockshornklee-Keimsprossen
50 g Porree • 200 g gegarte Schwarz-wurzeln (Konserve)
150 g Hähnchenbrust • Pfeffer • Salz
Dressing:
1 Limette • 250 g Joghurt (10%ig)
2 EL Honig • 50 ml Öl • Salz

Reis und Mohn mit 500 ml Wasser und 1 Prise Salz aufkochen und zugedeckt leise siedend ausquellen und abkühlen lassen. Hähnchenbrust in Streifen schneiden, scharf anbraten und kalt werden lassen. Keimsprossen (die man etwa 3 Tage zuvor zum Keimen ansetzt) abspülen, Porree, Schwarzwurzeln und Pflaumen klein schneiden. Salatzutaten mischen und würzen. Für das Dressing Limettenschale abreiben und Saft auspressen. Joghurt, Honig, Limettensaft und Öl miteinander verrühren, evtl. Bratensatz zugeben und mit Salz und Limettenabrieb abschmecken.

Fisch und Fleisch

❖

Schnitzel in Mohnpanade

Gibt es Schnitzel, wird es bei mir nie
einfach nur in langweiligen Semmel-
bröseln paniert, und ist es mal nicht
Mohn, sind es Brennnessel- oder
Meldesamen, allesamt nussig.

4 Kalbsschnitzel
Pfeffer • Salz
50 g gemahlener weißer Mohn
geriebene Semmel
2 Eier
Butterschmalz oder
Öl zum Braten

Mohn und Semmelbrösel miteinander mischen, Eier verquirlen, Schnitzelfleisch noch platt klopfen und trocken tupfen, von beiden Seiten pfeffern und salzen. Schnitzel zum Panieren nacheinander im Ei und in der Mohn-Brösel-Mischung wenden und im heißen Fett goldgelb ausbacken.

Putenrollbraten mit Mohn-Dörrpflaumen-Füllung

Ein herrliches Spätherbstgericht!
Dazu Maronenmus oder Pastinaken-
Kartoffelmus servieren.

600 g Putenbrust im Stück
150 ml Sahne • 50 g Dörrpflaumen
20 g gemahlener Blaumohn
70 g Parmesan • Pfeffer
Butterschmalz • 2 EL Tomatenmark
200 ml lieblicher Rotwein oder Port-
wein • hausgemachte Geflügelbrühe
Speisestärke

Putenbrust seitwärts einschneiden,
umklappen und weiter aufschneiden,
sodass ein Rollbratenfleisch entsteht.

Anfallende Endstücke (gut gekühlt) mit einem Teil der eiskalten Sahne im Mixer schnell zu einer glatten Farce verarbeiten. Den Rest der Sahne mit Dörrpflaumen, Parmesan und Mohn ebenfalls glatt mixen, mit der Farce verrühren, mit Pfeffer und Salz abschmecken. Die Masse auf das Fleisch geben, verstreichen, aufrollen und mit Küchengarn zubinden. Den Rollbraten in heißem Butterschmalz kräftig von allen Seiten anbraten, zwischendurch das Tomatenmark mit ins Bratfett geben und braun werden lassen. Mit Rotwein ablöschen und mit Brühe auffüllen, im geschlossenen Bräter ca. 30 – 40 Minuten weich schmoren. Vor dem Servieren die Soße mit etwas angerührter Speisestärke abbinden.

Fisch mit Mandel-Mohnhaube

Diese Mohn-Makronen-Masse schmeckt auch mit Zucker und als Makronen zubereitet.
Zum Fisch serviere ich am liebsten Kartoffelpüree oder die „Herzogin-kartoffeln" (S. 80).

2 Eier
20 g gemahlene Mandeln
20 g gemahlener Graumohn
1 Bio-Zitrone
4 Fischfilets à 150 g
Pfeffer • Salz
Öl zum Braten

Eier trennen, Eiweiß mit 1 Prise Salz steif schlagen. Zitronenschale abreiben, Zitronensaft auspressen, beides mit Mandeln und Mohn mischen und salzen, dann portionsweise ganz vorsichtig unter den Eischnee heben.

Fischfilets auf der Hautseite kräftig anbraten, auf ein mit Backpapier belegtes Blech setzen, mit Pfeffer und Salz würzen. Die Masse auf den Filets verteilen und unter dem heißen Grill/ auf der mittleren Schiene ca. 12 Minuten backen.

Mehlspeisen

❖

Hefeklöße mit Mohn-Vanillesoße

Meine hausgemachten Hefeklöße
bekommen gerne mal einen ordentli-
chen Klecks Pflaumenmus mitten
hinein, so als wollte ich im Fett
Pfannkuchen ausbacken. In Österreich sagt man Germknödel – und
die sind oft gefüllt. Dazu passt die
Mohn-Vanillesoße prima.
Alternativ zur Vanillestange ersetze
ich den Zucker gern durch ebensoviel
Blütensirup (z. B. Rosensirup), der
wird dann erst der fertig gebunde-
nen, heißen Mohnsoße zugegeben.

200 ml Milch • 100 g Zucker
100 g Butter • 30 g Hefe • 1 Ei
500 g Mehl • 1 Prise Salz

. . . .

Milch leicht erwärmen, Zucker darin auflösen und Butter schmelzen. Wenn die Flüssigkeit gerade handwarm ist, die Hefe darin vollständig auflösen und die Flüssigkeit mit dem Ei zum Mehl geben, einen weichen Knetteig daraus rühren und zugedeckt etwa 1 Stunde an einem warmen Platz gehen lassen.

Dann mit so wenig zusätzlichem Mehl wie möglich noch einmal durchkneten, Klöße formen und weitere 15 Minuten abgedeckt gehen lassen. In einem großen Topf wenig Wasser

aufkochen, die Klöße in ein Durch-
schlagsieb setzen, abdecken und über
dem Wasserdampf etwa 15 Minuten
garen. Vorsichtig aufreißen, um zu
prüfen, ob sie gar sind.

Mohn-Vanillesoße:

1 l Milch • Mark von 1 Vanillestange
3 EL Zucker • 1 Prise Salz
50 g Graumohn • 2 geh. EL Speisestärke

Etwas Milch zurückbehalten zum An-
rühren der Stärke, den Rest zusammen mit dem Vanillemark, Zucker,
Salz und Mohn aufkochen und einige
Minuten köcheln lassen. Die Stärke in
die restliche Milch einrühren und die
Mohnmilch damit binden. Noch heiß
zu den Hefeklößen servieren.

Schnelle Mohnnudeln

Klassische österreichische Mohnnudeln, die die Form von Schupfnudeln
haben und aus einem Kartoffel-
Mehl-Teig bestehen, wie man ihn
bei uns zu Hause eher für Klöße bzw.
Knödel verwendet, sind für mich eine
großartige, aber aufwändige Speise.
Diese schnellen Mohnnudeln können
eine prima Alltagsversion sein.

500 g breite Bandnudeln
250 g gemahlener Mohn
100 g Butter
1 Schuss Rum
2 – 3 EL Puderzucker nach Geschmack

Nudeln in reichlich kochendem Salzwasser bissfest kochen. Butter schmelzen, Puderzucker, Rum und Mohn einrühren und durchschwenken. Abgetropfte Nudeln ebenfalls in die Pfanne geben und unterheben. Zum Servieren gegebenenfalls noch mit Puderzucker bestäuben.

Mohnmilchreis

Zum Mohnmilchreis serviere ich
gern Hagebuttenmarmelade oder
Quittenmus.

1 l Milch • 2 EL Zucker
1 Prise Salz
80 g gemahlener Mohn
200 g Rundkornreis

In einem Topf wenige Tropfen Wasser
zum Kochen bringen, damit die Milch
nicht anbrennt, erst dann die Milch in
den Topf geben und aufkochen, alle
restlichen Zutaten einrühren und im
zugedeckten Topf bei kleinster Hitze
ausquellen lassen. Dabei gelegentlich
umrühren.

Desserts

❖

Mohnkirscheis

Ich würde was vermissen, wenn es
kein Eis (zu Hause) gäbe, und wenn
das auch noch so extravagant und
schnell zu machen ist – großartig!
Dann darf die Marmelade dafür auch
mal von schwarzen Johannisbeeren
oder Quitten stammen.

200 g gute (hausgemachte)
Sauerkirschmarmelade
(alternativ Schwarze Johannisbeer-
marmelade oder Quittenmarmelade)
30 g Graumohn • 200 ml Buttermilch

Buttermilch erwärmen, Mohn einrühren, aufkochen und wieder abkühlen lassen. Die Masse mit der Marmelade verrühren und am besten im Eisbereiter zu Speiseeis gefrieren lassen. Beim Einfrieren im Kühlschrank muss regelmäßig gut durchgerührt werden.

Mohn-Joghurtcreme mit Kirschpflaumenmus

Diese nuss-fruchtige Mischung aus Mohn und säuerlichem (Wild)Obst nutze ich in meiner Küche immer wieder. Sie ist je nach Jahreszeit und Gartenangebot eigentlich immer verschieden, probieren Sie einfach weiter!

500 g Kirschpflaumen (sogenannte wilde Mirabellen)
5 Kardamomkapseln
4 TL Honig
50 ml Milch • 50 g Graumohn
400 g griechischer Joghurt

Mirabellen entkernen und ganz kurz mit sehr wenig Wasser aufkochen (zu langes Erhitzen löst viele Säuren aus den Schalen). Durch ein Sieb passieren und abkühlen lassen. Kardamom auspulen und Kernchen mörsern. Das Fruchtmus mit Honig und Kardamom abschmecken. Milch und Mohn zum Kochen bringen, einige Minuten leise köcheln lassen und wieder abkühlen, in den Joghurt einrühren und ebenfalls nach Geschmack mit Honig süßen. Mohnjoghurt und Fruchtmus abwechselnd in Gläsern anrichten.

Gelbe Mohngrütze

Rote Grütze ist für mich ein wunderbares Dessert, aber es muss wirklich nicht immer rotes Beerenobst sein – versuchen Sie es unbedingt auch mal exotisch-gelb mit Mohn!

¼ l Orangensaft
Saft von ½ Zitrone
4 – 5 Passionsfrüchte
¼ Vanilleschote
3 EL Zucker
40 g gemahlener Mohn
15 g Grieß
½ Mango • 50 g Physalis
1 Ananasscheibe
1 Khaki

Orangen- und Zitronensaft erhitzen, Passionsfrüchte halbieren und ausschaben, Vanilleschote aufschneiden und auskratzen, alles zusammen mit der Vanilleschote und dem Zucker in den Saft einrühren und aufwallen lassen. Mohn und Grieß einrühren und einige Minuten köchelnd ausquellen lassen, dann die Vanilleschote herausfischen. Inzwischen die Früchte waschen, schälen und mundgerecht schneiden. Alles zur heißen Flüssigkeit geben, noch einmal aufkochen, abfüllen und einige Stunden (am besten über Nacht) kalt stellen. Mit einem Klecks geschlagener Sahne servieren.

Gebäck

❖

Mohn-Quittenplätzchen

300 g Mehl • 1 Msp. Salz
100 g Zucker
1 Msp. gemahlene Vanille
175 g Butter • 2 Eigelb • 60 g Mohn
Füllung:
1 EL gemahlene Walnüsse
1 EL gemahlener Mohn
1 EL Quittenmus

Mehl, Salz, Zucker, Vanille, Butter,
2 Eigelb und Mohn zunächst krümelig verrühren und dann schnell zu
einem glatten Mürbeteig kneten und
kalt stellen.

Für die Füllung gemahlene Walnüsse, Mohn und Quittenmus glatt rühren. Den Teig ausrollen und 8 cm große Sterne ausstechen. Nuss-Mohn-Masse in die Mitte der Sterne geben und Sternzacken hochklappen. Bei Umluft 175 °C ca. 10 Minuten backen.

Mohn-Hefezopf

Teig:

200 ml Milch • 100 g Zucker

100 g Butter • 30 g Hefe • 1 Ei

500 g Mehl • 1 Prise Salz

Füllung:

200 g Mohn • 100 g Zucker

180 ml Milch

100 g gehackte Mandeln • 2 Eier

Milch leicht erwärmen, Zucker darin auflösen und Butter schmelzen. Wenn die Flüssigkeit gerade handwarm ist, die Hefe darin vollständig auflösen und die Flüssigkeit mit dem Ei zum Mehl geben, einen weichen Knetteig daraus rühren und zugedeckt an einem warmen Platz gehen lassen.

Für die Füllung Mohn, Zucker, Salz und Milch zusammen aufkochen und so lange leise köcheln lassen, bis eine sämige Masse entstanden ist. Abkühlen lassen, Eier und Mandeln einrühren.

Beim Ausrollen des Teiges nicht mehr zu viel Mehl einarbeiten, 3 lange Streifen schneiden, Füllung auf dem Teig verstreichen und jeweils aufrollen, sodass 3 gefüllte Rollen entstehen. Die Teigstränge miteinander zum Zopf verflechten, auf ein mit Backpapier belegtes Backblech legen und nochmals abgedeckt gehen lassen.

Herd auf 180°C vorheizen und ein feuerfestes Schälchen mit Wasser auf den Boden stellen. Den Zopf darin etwa 35 Minuten ausbacken.

Apfel-Mohnwindbeutel

Windbeutel:

60 g Butter • 150 g helles Mehl
1 Prise Salz • 25 g Speisestärke
5 Eier • 1 TL Backpulver

Füllung:

500 ml Apfelsaft • 3 EL Zucker
150 g gemahlener Mohn • 3 – 4 Eier
1 EL fein gehackte Eberrautenblätter
(Colastrauch) oder Duftgeranien-
blätter • Salz

¼ Liter Wasser mit der Butter zum Kochen bringen. Inzwischen Mehl, Salz und Stärke gut vermischen, auf einmal in den Topf geben und auf kleiner Flamme weiter rühren, bis sich der Teig als Kloß vom Boden löst.

Die Masse in eine Schüssel geben und die Eier nach und nach unterrühren, sodass ein zähflüssiger Teig entsteht. Backpulver einrühren und mit zwei Teelöffeln walnussgroße Teighäufchen auf Backpapier setzen. Bei 180 °C ca. 20 Minuten goldgelb backen. Auskühlen lassen und aufschneiden.

Apfelsaft und Zucker aufkochen, Mohn zugeben und 10 Minuten ziehen und wieder abkühlen lassen. Eier trennen, Eigelb zur Apfel-Mohnmasse geben und im heißen Wasserbad so lange rühren, bis die Masse gestockt hat, Eberraute einrühren und abkühlen lassen. Eiweiß und Salz steif schlagen und unter die Creme heben, die Windbeutel damit füllen.

Mohnkuchen wie von Oma

Teig:

200 ml Milch • 100 g Zucker

100 g Butter • 30 g Hefe • 1 Ei

500 g Mehl • 1 Prise Salz

Mohnmasse:

½ l Milch • 125 g Butter

100 g Zucker • 1 Prise Salz

65 g Grieß • 500 g gemahlener Mohn

1 Msp. gemahlene Vanille

100 g Rosinen • 2 Eier

Streusel:

300 g Mehl • 150 g Butter

150 g Zucker

1 Prise Salz • 1 Eigelb

nach Geschmack etwas Zitronensaft

und –schale

....

Den Teig wie für den Hefezopf (S. 108) zubereiten und auf einem Blech dünn ausrollen.

Milch erwärmen und Butter, Zucker und Salz darin auflösen. Grieß zugeben und bei milder Hitze ausquellen lassen. Vom Herd nehmen, Mohn, Vanille und Rosinen einrühren, Eier erst unter die Masse ziehen, wenn sie etwas abgekühlt ist.

Aus den angegebenen Zutaten die Streusel kneten. Die Masse auf dem Teig gleichmäßig verteilen und glatt streichen, die Streusel darübergeben und bei 180 °C auf einer unteren Schiene etwa 35 Minuten backen.

Besonderes mit Mohn

Mohnpralinen

180 g Zwieback
100 g gemahlener Mohn
100 g Zucker
1 gestr. TL Lavendelblüten
1 Prise Salz • 100 ml Milch
50 g Butter • 40 ml Eierlikör
150 g weiße Kuvertüre

Zwieback im Mixer sehr fein mahlen. Die Butter zusammen mit der Milch, dem Zucker und dem Lavendel in einen Topf geben und erhitzen, bis die Butter geschmolzen und der Zucker aufgelöst ist, Mohn dazugeben und einige Minuten leise köcheln, dann wieder abkühlen lassen und zu dem Zwiebackpulver geben. Den Likör hinzufügen. Nun alles mit den Händen verkneten. Aus der Masse etwa haselnussgroße Kugeln formen. Die Kuvertüre im Wasserbad schmelzen. Dann die Kugeln mit der Kuvertüre überziehen und zum Trocknen auf Backpapier legen und kalt stellen.

Mohn-Eierlikör

Eierlikör mal ganz anders –
und sehr lecker!

50 g Mohn • 250 ml guter Wodka
8 Eigelb • 250 g Puderzucker
340 ml Kondensmilch (10 %)

Mohn mahlen und in einer Schüssel mit Wodka übergießen. 2 bis 3 Tage durchziehen lassen.

Eigelb und Puderzucker zusammen mit dem Handrührgerät cremig schlagen. Weiterrühren und zunächst die Kondensmilch, anschließend den mit Wodka durchzogenen Mohn einarbeiten. Den Eierlikör kalt stellen und noch ruhen lassen.

Rezeptverzeichnis

Ansprechpartner für Anbaugenehmigungen in Deutschland ist die Bundesopiumstelle:
BfArM-Bundesopiumstelle
Genthiner Str. 38 · 10785 Berlin
www.bfarm.de/DE/Bundesopiumstelle/_node.html

Bildnachweis

Colourbox.de (S. 9, 33, 66/67, 77, 79, 106/107, 109, 113); Fotolia.com (almaje: Titelfoto; photocrew: S. 2, 116/117; martincp: S. 19; M. Schuppich: S. 27; LianeM: S. 31; danheller: S. 37; Diana Taliun: S. 59; tkphotography: S. 63; Max Diesel: S. 91; meteo021: S. 95; HandmadePictures: S. 123);
Lutz Gebhardt (S. 22/23, 29); Grit Nitzsche (alle übrigen Motive); Verlagsarchiv (S. 14/15)

Aus dem lieferbaren Mini-Angebot

Natur & Gesundes

Aloe vera • Alte Gemüsesorten • Amaranth &
andere Vitalkörner • Apfelbüchlein
Aronia • Backen einmal anders
Bauernweisheiten durchs Jahr • Blüten für
Genießer • Brennnessel • Essbares von
Bäumen & Sträuchern • Essen von der Wiese
Gesundes Kraut • Heilkräuterbüchlein
Herbe Beeren • Hildegard von Bingen
Heiter bis wolkig. Vom Wetter • Holunder-
Rezepte • Honig • Ingwer • Kleine
Kräuterapotheke • Küchenkräutergarten
Kürbisbüchlein • Mohn • Multitalent Zwiebel
Mythos Ginkgo „auch engl.) • Neues Katzen-
büchlein • Noch mehr Essen von der Wiese
Powerfood • Quinoa. Das gesunde Inka-Korn
Salbei • Salz • Sanddorn-Rezepte
Tomatenbüchlein • Vegane Küche
Weizengras, Sprossen & Co.

Essen & Trinken

Alles gewickelt & gerollt • Backen & Naschen
Bento – Genuss „to go" • Berlin kulinarisch
Brot backen • Die Küche der 100-Jährigen
Dinkelgebäck • Essen wie im Mittelalter
Filinchen • Fingerfood • Fisch-Kochbuch
Gewürze • Grillen exotisch • Kaffeevergnügen

Kochbüchlein Schweiz • Lauter scharfe Sachen
Marmelade & Gelee • Mecklenburg-
Vorpommern kulinarisch • Milch-Büchlein
Muslimische Feste und Gerichte • Paleo
Pasta vegetarisch • Sachsen kulinarisch
(auch engl.) • Sachsen-Anhalt kulinarisch
Schlemmerbüchlein • Schokoladenbüchlein
Schwarzbier • Sektbüchlein • Senfbüchlein
Smoothies • Süße Sünde: Schokolade
Süßes im Advent • Teegenuss
Thüringen kulinarisch • Trendgebäck
Weihnachten. Bräuche & Rezepte • Whisky

Literarisches

Das kleine Bach-Büchlein (auch engl.)
Die Geheimnisse der Familie Bach
Wilhelm Busch • Die Minibibliothek (Bibliografie)
Erzgebirgisches Weihnachtsbüchlein
Fange jetzt zu leben an • Faust-Zitate
Frauen (Hochhuth & Degas) • Frauen der
Reformation • Frauen & Männer
Frauen-Weisheit • Paul Gerhardt
Goethe-Zitate • Große Sachsen • Gut beraten,
froh gestimmt • Gute-Laune-Büchlein
Heldenjungfrauen • Ich hab dich so lieb
Kinder sind die besten Philosophen
Liebe Mama ... • Liebe Oma ... • Lieber Opa ...
Lieber Papa ... • Martin Luther
Märchenkönig Ludwig II. (auch engl.)
Karl May • Mein Leipzig. Geliebtes Weltdorf
Wolfgang A. Mozart • Musenkuss –
Richard Wagner • Nietzsche-Zitate

Nur mit dem Herzen... (Saint Exupéry)
Philosophinnen-Sprüche • Sandmännchen
Schiller-Zitate • Clara & Robert Schumann
Shakespeare für Verliebte • Theodor Storm
Thomaner-Büchlein • Wahrsagen
à la Lenormand • Weisheiten aus dem
Fernen Osten • Weisheiten der Welt
Wunderkinder • Heinrich Zille

Stadt & Land
Auf der Saale-Unstrut-Weinstraße
Auf der Sächsischen Weinstraße
Berlin für die Westentasche (auch engl.)
Das Böhmische Dorf in Berlin • Burgen und
Schlösser im Erzgebirge • Chemnitz für die
Westentasche • Dresden für die
Westentasche • Erfurt für die Westentasche
Görlitz für die Westentasche • Halle für die
Westentasche • Herrnhut • Im Spreewald
unterwegs • Kösener Spielzeug • Leipzig
Lutherstadt Wittenberg • Magdeburg für
die Westentasche • Musikalischer
Stadtrundgang durch Leipzig • Naumburg
Potsdam für die Westentasche
Parks & Gärten in Sachsen-Anhalt
Schwerin für die Westentasche
Weimar für die Westentasche

BuchVerlag für die Frau
Gerichtsweg 28 · 04103 Leipzig
www.buchverlag-fuer-die-frau.de